MAURICE JUSSELIN

COMMENT LA FRANCE
SE PRÉPARAIT A LA GUERRE DE CENT ANS

Extrait de la *Bibliothèque de l'École des chartes*,
Année 1912, t. LXXIII.

PARIS
1912

MAURICE JUSSELIN

COMMENT LA FRANCE SE PRÉPARAIT A LA GUERRE DE CENT ANS

Extrait de la *Bibliothèque de l'École des chartes*,
Année 1912, t. LXXIII.

PARIS
1912

COMMENT LA FRANCE
SE PRÉPARAIT À LA GUERRE DE CENT ANS

Dans un livre récent, qui permet d'entrevoir l'un des courants de la pensée moderne, le philosophe Ostwald refuse le nom d'œuvre scientifique à tout travail historique ne servant pas à la préparation de l'avenir[1] et M. Henri Berr demande aussi à l'histoire de se raccorder avec la vie présente, avec la vie vivante[2]. A l'heure où la question de vitalité se pose à tous les esprits, alors que la France se demande si elle est prête à toutes les éventualités, nous voulons faire apparaître un instant la vision du passé pour rendre plus conscients et plus assurés nos efforts présents et nous nous proposons de rappeler de quelle façon la France se prépara à cette grande guerre de Cent ans qui tient tant de place dans nos traditions nationales.

Aussi loin que nous remontions dans l'histoire de notre pays, nous constatons, en lisant les chroniqueurs, que les rois prenaient conseil de leurs fidèles avant d'entreprendre une expédition militaire. Dès le XIIIe siècle, nous trouvons la trace d'assemblées préliminaires d'un caractère plus spécial, rendues nécessaires par la transformation de l'art de la guerre et l'augmentation des effectifs. Il ne s'agissait plus seulement de discuter sur le bien fondé de la résolution prise par le souverain, mais il fallait surtout se rendre compte du montant des ressources disponibles et établir des prévisions sur le chiffre des effectifs et la quantité des approvisionnements[3]. Sous le règne de Philippe

1. W. Ostwald, *Esquisse d'une philosophie des sciences*, traduit par M. Dorolle. Paris, 1911, in-16, p. 13.

2. Henri Berr, *la Synthèse en histoire, essai critique et théorique*. Paris, 1911, in-8°, p. 248 et suiv. C'était au XVIII° siècle l'avis d'Helvétius, dont l'une des pensées est ainsi formulée : « Tout ce qui ne sert pas à la postérité est inutile dans l'histoire. »

3. Cf. Frantz Funck-Brentano, *De exercituum commeatibus tertio decimo et quarto decimo saeculis post Christum natum*. Paris, 1897, in-8°.

le Bel, nous remarquons déjà l'attention avec laquelle le gouvernement royal, assisté des hauts dignitaires du royaume, auxquels se joignaient des personnages moins importants, mais mieux informés, gens des Comptes ou du Parlement, prenait soin, avant de partir en campagne, de bien connaître les recettes à venir et les dépenses nécessaires[1]. Nous trouvons d'ailleurs dans les archives, aujourd'hui mieux explorées, un certain nombre de documents issus de ce désir de connaître l'ensemble des ressources du royaume à une époque déterminée. Leur importance n'a pas échappé aux historiens et plusieurs de ces textes ont été publiés et commentés[2]. Récemment, M. le colonel Borrelli de Serres a bien montré l'utilité qu'offrent dans leur ensemble ces « exposés de situation »[3].

Tous les documents de cette nature n'ont cependant pas été signalés. Nous nous proposons d'en faire connaître quelques-uns d'inédits, qui, par l'intérêt qu'ils présentent, sont dignes de figurer à côté de ceux qu'ont publiés MM. de Boislisle et Moranvillé. Ces documents sont conservés aujourd'hui aux archives départementales de la Côte-d'Or, à Dijon. Nous les avons recueillis au milieu des magnifiques et nombreuses archives de la Cour des comptes de Bourgogne, où nos recherches nous ont permis de trouver non seulement d'autres documents inédits qui feront l'objet de travaux ultérieurs, mais aussi de rencontrer quelques pièces connues et publiées par les Bénédictins au XVIIIe siècle et perdues de vue depuis cette époque[4]. La question de savoir

1. Cf. les mémoires imprimés par Boutaric dans les *Notices et extraits*, t. XX, 2e partie, et particulièrement le mémoire attribué à Mouche (Arch. nat., J 654, n° 16) et étudié de nouveau par M. Fr. Funck-Brentano dans la *Revue historique*, t. XXXIX, 1889, p. 326-348. Ces documents, par leur nature et les circonstances qui les ont fait concevoir, se rattachent étroitement à ceux que nous publierons.

2. Arthur de Boislisle, *le Budget et la population de la France sous Philippe de Valois*, dans l'*Annuaire-Bulletin de la Société de l'histoire de France*, t. XII, 1875, p. 86-94, 181-190, 199-207, 232-240; H. Moranvillé, *Rapports à Philippe VI sur l'état de ses finances*, dans la *Bibliothèque de l'École des chartes*, t. XLVIII, 1887, p. 380-395; H. Moranvillé, *Note sur des rapports financiers adressés à Philippe VI*, dans la *Bibl. de l'École des chartes*, t. LIII, 1892, p. 111-114; H. Moranvillé, *Notes de statistique douanière sous Philippe VI de Valois*, dans la *Bibl. de l'École des chartes*, t. LXIV, 1903, p. 567-576.

3. *Recherches sur divers services publics du XIIIe au XVIIe siècle*. T. II : *Notices relatives au XIVe siècle*. Paris, Picard, 1904, in-8°, p. 305-315.

4. Par exemple, dans B 11921, la lettre close adressée par Philippe VI à son

pourquoi ces documents d'un caractère général sont conservés à Dijon se pose immédiatement; mais il est facile de la résoudre. Les rois Louis X, Philippe V, Charles IV et Philippe VI épousèrent des princesses bourguignonnes et, à la faveur de ces unions, sans aucun doute, un grand nombre de personnages originaires de Bourgogne eurent accès à la cour des derniers rois capétiens et du premier souverain valois. Au premier rang figurent de grands seigneurs dont le rôle fut considérable dans l'histoire du temps : Jean des Barres, maréchal de France; Mile de Noyers[1], maréchal de France, grand bouteiller et porte-oriflamme de France; Geofroi de Charni, porte-oriflamme de France. A côté de ces personnages bien connus, nous pourrions citer une cinquantaine d'autres officiers ou commensaux de la cour qui prirent part aux affaires publiques[2]. Parmi tous ces noms, nous retenons le plus illustre, celui de Mile de Noyers. Nous pensons en effet que les documents dont nous allons parler proviennent de ses archives personnelles constituées pendant une longue vie consacrée au service de plusieurs rois. L'une de ces pièces, réunies jadis sous la cote « affaires meslées » parce qu'elles ne pouvaient se rattacher à aucun fonds bourguignon, est adressée à « mon tres chier seingneur le sire de Noyers » et les autres ont vraisemblablement été aussi en la possession de ce grand personnage qui assistait aux plus secrets conseils du roi et qui ne devait rien ignorer des affaires d'Etat. D'ailleurs, il n'y a pas là un fait nouveau. Nous savons que les principaux ministres du roi Philippe le Bel s'étaient constitué un fonds d'archives du plus haut intérêt et, pour eux-mêmes, de toute utilité[3]; et c'est là une tradition qu'ils n'inaugurèrent certainement pas parce qu'elle s'impose à tous ceux qui prennent une part active aux affaires publiques[4]. Connaissant l'origine des parchemins,

fils Jean, le 20 octobre [1341], au sujet des affaires de Bretagne (cf. de la Borderie, *Histoire de Bretagne*, t. III, 1906, p. 439, d'après Dom Morice, *Preuves*, t. I, 1425), et le projet de traité de 1342 (*Ibid.*, p. 446, d'après Dom Morice, *Preuves*, t. I, 1426-1427). Nous avons fait photographier la belle lettre close de Philippe VI.

1. Noyers, Yonne, ch.-l. de cant.

2. Cf. Ernest Petit, *les Bourguignons de l'Yonne à la cour de Philippe de Valois*. Auxerre, 1899, in-8° (extrait du *Bulletin de la Société des sciences historiques et naturelles de l'Yonne*, 2e sem., 1898).

3. Cf. Ch.-V. Langlois, *les Papiers de Guillaume de Nogaret et de Guillaume de Plaisians au Trésor des chartes*. Paris, 1908, in-4° (*Notices et extraits des mss. de la Bibl. nat. et autres bibliothèques*, t. XXIX).

4. Au début du XIXe siècle, une ordonnance royale de Louis XVIII prescrivit

il nous est possible d'étudier maintenant ces documents en eux-mêmes.

L'histoire des origines et des premières années de la guerre de Cent ans devait séduire les historiens, aussi ne manquons-nous pas de mémoires particuliers et de travaux d'ensemble pour étudier cette période si vivante de la première moitié du XIVe siècle[1], durant laquelle notre pays dut s'engager dans de formidables aventures au moment même où la transformation administrative et quelques changements dans l'état social eussent exigé pour lui de longues années de paix. Parmi les nombreux auteurs d'œuvres intéressantes, M. Déprez a spécialement étudié les préliminaires de la guerre au point de vue diplomatique[2], M. de La Roncière a magistralement exposé l'épopée maritime[3] et M. Viard a complété par un bel ensemble de publications, qui constituent la base d'une future histoire de Philippe VI[4], son travail déjà ancien, mais toujours égal en valeur, sur les *Ressources extraordinaires de la royauté sous Philippe VI de Valois*[5]. Nous connaissons donc suffisamment les négociations, les faits de guerre sur terre et sur mer, les secours financiers donnés aux rois par leurs sujets, mais, n'ignorant pas que la destinée des expéditions militaires dépend en général des mesures prudentes prises avant la mise en mouvement des armées, nous aimerions savoir ce que firent les rois de France au XIVe siècle lorsque les circonstances leur imposèrent la nécessité de faire la guerre, et il nous serait utile de saisir le caractère des délibérations tenues dans leurs conseils, de savoir, en un mot, comment la France se préparait à la guerre. Les quelques documents que nous allons faire connaître semblent de nature à nous bien renseigner sur ce point.

la vérification de tous les papiers laissés après leur mort par tous les chefs de grands services civils et militaires. Pour la marine, des instructions en ce sens, inspirées de l'article 633 de l'ordonnance du 25 mars 1765, ont été adressées le 21 novembre 1865 à tous les préfets maritimes.

1. Cf. A. Molinier, *les Sources de l'histoire de France*, I, 4. Paris, 1904, in-8°, n° 3093 et suiv.

2. E. Déprez, *les Préliminaires de la guerre de Cent ans. La papauté, la France et l'Angleterre (1328-1342)*. Paris, 1902, in-8° (*Bibliothèque des Écoles françaises d'Athènes et de Rome*, fasc. 86).

3. Charles de La Roncière, *Histoire de la marine française*. T. I : *les Origines*, 2e éd. Paris, 1909, in-8°.

4. Cf. A. Molinier, *op. cit.*, nos 3168, 3172, 3174, 3175, 3236.

5. Jules Viard, *les Ressources extraordinaires de la royauté sous Phi-*

I. — Sous Charles IV le Bel (en 1327)[1].

Le premier document que nous présentons ne porte pas de date. L'écriture et le parchemin peuvent être attribués au premier quart du XIVe siècle. Le titre est : « C'est l'avis de ce qui porra faillir pour la guerre, susposé que guerre se face ». La première pièce de parchemin fait connaître l'effectif nécessaire à la future expédition et le montant des gages de toute cette armée, ainsi que les dépenses qui seraient occasionnées par les « garnisons », c'est-à-dire pour l'approvisionnement de l'armée. Au verso, en encre plus jaune, nous lisons quelques lignes démontrant l'utilité de faire ces approvisionnements dans les pays du Midi. Une seconde pièce de parchemin, cousue à la première, porte au dos le titre : « Pour les galées » et la trace d'un cachet de cire rouge. C'est un avis donné au sujet de la formation d'une petite flotte de huit bâtiments. Ces navires sont des « huissiers » et les sommes sont évaluées en florins, puis en livres parisis. Il s'agit donc d'une flotte levantine qui serait louée au roi de France et c'est probablement un Génois qui a présenté ces propositions.

Nous pensons qu'il s'agit ici de la guerre de Gascogne, à laquelle Charles IV se prépara dès le début de l'année 1327[2] et qui d'ailleurs n'eut pas lieu réellement, puisqu'elle ne fut signalée que par quelques escarmouches. Pour une guerre de Gascogne, il était logique de conseiller au roi de s'approvisionner dans les pays du Midi. Nous savons aussi que, pour cette guerre de Gascogne, les envoyés du roi recevaient des promesses de subside, « supposé qu'il y eût guerre en Gascogne et non autrement »[3], expressions qui ont quelque rapport avec le titre de notre document.

lippe VI de Valois, dans la *Revue des questions historiques*, t. XLIV. Paris, 1888, in-8°, p. 167-218.

1. Archives départementales de la Côte-d'Or, B 11875. Pièces justificatives, n° I.

2. Cf. le mandement du 23 janvier 1327 (Arch. nat., J 623, n° 104), imprimé par M. Fr. Funck-Brentano, *De exercituum commeatibus*, p. 60-63, dont un fragment copié dans le registre Croix a été publié sans date par J. Petit, *Essai de restitution des plus anciens mémoriaux de la Chambre des comptes de Paris* (*Bibl. de la Faculté des lettres*, t. VII). Paris, 1899, in-8°, n° 472, et p. 203, n° XXXIX.

3. *Histoire générale de Languedoc*, t. IX. Toulouse, 1886, in-4°, p. 445.

Cette pièce montre que le gouvernement royal s'entourait de tous les renseignements utiles à la préparation à la guerre. On savait à l'avance quel pourrait être l'effectif de l'armée de terre et de l'armée de mer; la quantité des approvisionnements était prévue et l'on cherchait à connaître en quelle partie du royaume ils seraient achetés. Tout en nous montrant comment le roi se préparait à la guerre, ce document nous apprend aussi quelle était la force d'une armée mobilisée pour une guerre au début du XIVe siècle et quelle somme coûtait une expédition militaire sur terre et sur mer.

II. — Au temps de Philippe VI de Valois (en 1329, février-mars).

Beaucoup plus intéressant, mais toujours non daté, est notre second document[1] qui a pour titre : « Une ordenance que li Roys fist pour aler en Gascoine ». On parle dans cette pièce des « receveurs d'Anjou, du Maine, de Valois, de Chartres et des autres terres que tenoit le Roy avant que il feust roys ». Ce roi est donc Philippe VI de Valois, fils de Charles de Valois, régent du royaume à la mort de Charles IV, le 1er février 1328, roi le 1er avril 1328, sacré le 29 mai de la même année. On invoque une dette de la ville de Toulouse « pour la subvencion de ce darrenier host de Flandres »[2] et immédiatement après on prévoit les recettes de « la subvencion de toute la seneschaucie de Thoulouse pour ce présent host de Guascoigne ». Il s'agit donc de la guerre de Gascogne, à laquelle on songeait au début de l'année 1329 et qui n'eut d'ailleurs pas lieu. Les premières mesures prises pour la préparer datent des mois de février et mars 1329 et nous pensons que cette « ordenance » fut écrite à cette époque. Elle est postérieure au 29 janvier 1329, date à laquelle l'abbé de La Grasse fut condamné à l'amende de 30,000 livres à laquelle il est fait allusion dans ce document[3]. Elle est antérieure au mois d'avril 1329, date de l'absolution des héritiers du chancelier Jean de Cherchemont poursuivis judiciairement, auxquels on se propose

1. Archives départementales de la Côte-d'Or, B 11733. Pièces justificatives, n° II.

2. La guerre de Flandres signalée par la victoire de Cassel le 23 août 1328.

3. Cf. *Histoire générale de Languedoc*, t. IX, p. 417, n. 3.

encore de réclamer une somme fixée à « dix mille livres »[1]. Ajoutons que la mention concernant la ferme des quatre deniers pour livre tenue par Michel Beth ne nous permettrait pas de dépasser l'année 1330 si nous n'étions déjà fixé sur la date de 1329. En effet, Michel Beth tint cette ferme de 1327 à la Saint-Remi 1330[2].

Après quelques lignes faisant connaître les sommes nécessaires à l'organisation et à l'entretien de l'armée, nous lisons : « Pour poier les sommes dessus dites semble que l'en pourroit recouvrer deniers en la manière qui s'ensuit », et notre document prend alors une valeur exceptionnelle. C'est qu'en effet tous les détails qui suivent nous permettent non seulement de rendre hommage à l'esprit prévoyant du gouvernement royal, mais nous fournissent aussi le moyen de connaître l'ensemble des ressources du royaume à une époque bien déterminée. Revenus ordinaires et extraordinaires, tous sont énumérés ; il faudrait écrire un petit livre pour bien commenter ce document qui sera très utile aux historiens de Philippe VI.

III. — Après 1330.

Notre troisième document[3] est également sans date et ne porte que le titre incomplet : « Mémoire pour, etc. ». Nous pensons qu'il peut avoir été écrit vers 1330. On y parle du roi de Navarre ; or, ce titre ne peut apparaître qu'après le mariage de la fille du roi Louis X, Jeanne, avec Philippe, comte d'Évreux, en février 1327, et le couronnement du nouveau roi le 27 mars 1327. La mention concernant l'amende de Montauban a pour origine un jugement du Parlement, en date du 9 septembre 1321, infligeant à cette cité une amende pour laquelle elle avait composé moyennant une certaine somme[4]. De même les habitants de Caen avaient été condamnés, le 25 janvier 1326, à payer 25,000 livres tournois d'amende pour avoir commis des violences à main armée contre Oudard de Chambly, doyen de Saint-Aignan d'Orléans[5].

1. Cf. Jules Viard, *les Journaux du Trésor de Philippe VI de Valois*. Paris, 1899, in-4°, p. 16, n. 2 (*Collection des documents inédits*).

2. Cf. Jules Viard, *les Journaux du Trésor*..., n° 646, p. 123.

3. Arch. départementales de la Côte-d'Or, B 11715. Pièces justificatives, n° III.

4. *Les Olim*, éd. Beugnot (*Collection des documents inédits*), t. II (1867), n° 6502, p. 386-395.

5. *Ibid.*, t. II (1867), n° 7768, p. 608-609.

Ce document a le même caractère que le précédent. On prévoit quelles seraient les ressources disponibles pour couvrir les frais d'une expédition militaire. Au dos, en encre plus noire, se trouvent quelques indications concernant l'effectif de l'armée, les gages des combattants, les dépenses de l'hôtel du roi durant la campagne, les approvisionnements. On ne parle pas encore des dépenses de l'hôtel de Jean, duc de Normandie depuis le 17 février 1332. Mais à la place du chiffre qui devrait représenter la recette provenant des bailliages normands, on a écrit « riens et pour cause ». Peut-être sommes-nous en 1332 et la Normandie, apanage du jeune duc, n'envoie plus de recettes ordinaires au trésor royal. Nous remarquons aussi que, dans un mémoire présenté au roi en 1344, il est dit : « Très puissant et très redoubté seigneur, vous seustes vostre estat et de vostre royaume, l'an MCCCXXXII, lequel monta 378,750 l. t. par an »[1]. Le total prévu dans notre document est 438,000 livres, mais, n'ayant pas de détails dans le mémoire de 1344, nous ne pouvons établir de comparaisons. Quelques chiffres ont été postérieurement corrigés en encre plus noire, ce qui nous prouve que les documents de cette nature étaient consultés et utilisés plusieurs années après leur rédaction.

IV. — En 1339.

Notre quatrième document[2] a été écrit à la Chambre des comptes le jeudi 4 mars 1339. Un titre au dos du parchemin nous fait connaître cette date précise. Le titre principal est : « C'est l'avis de ce que il porroit faillir pour les guerres jusques à la Saint-Michel (29 septembre) MCCCXXXIX. » L'effectif prévu est considérable puisque le roi compte avoir sous ses ordres, à la belle saison, dix mille hommes d'armes et quarante mille fantassins. Durant les mois de mars, avril et mai, des forces moins imposantes garderaient les frontières du royaume. Nous ne possédons pas le détail des recettes prévues pour faire face à ces dépenses qui devraient atteindre la somme énorme pour l'époque d'un million deux cent soixante mille livres. Le mémoire

1. H. Moranvillé, *Note sur des rapports financiers adressés à Philippe VI*, dans la *Bibl. de l'École des chartes*, t. LIII, 1892, p. 111-112.

2. Arch. départementales de la Côte-d'Or, B 11715. Pièces justificatives, n° IV.

escompte seulement cent mille livres de recettes provenant des décimes et quatre cent vingt mille livres, produit du monnayage. Les recettes ordinaires paraissaient tout à fait insuffisantes, aussi nous lisons au dos du parchemin quelques projets de circonstance intitulés : « Ce sunt les voies par les queles il samble que le Roy porroit avoir deniers ». Dans ces lignes, rien de nouveau. Depuis longtemps, la royauté avait recours aux moyens qui lui sont alors proposés pour se procurer de l'argent. L'assemblée de hauts personnages, tenue à la Chambre des comptes, aussi bien que toutes celles qui s'étaient jusqu'alors réunies pour résoudre les mêmes difficultés, a senti qu'un impôt extraordinaire ne pouvait être exigé sans le consentement de ceux qui le paieraient; aussi décida-t-on de réunir soit une grande assemblée à Paris, soit des assemblées locales pour faire connaître aux populations l'urgence de cette demande de subside. On ne tint pas à Paris de grande assemblée que nous aurions appelée États-Généraux. Le gouvernement royal préféra parler aux populations dans des assemblées régionales qui furent réunies conformément à la répartition fixée dans notre document. Nous avons retrouvé l'acte[1] par lequel les nobles des bailliages de Vermandois, Amiens et Senlis accordent un subside au roi[2]. C'est un document intéressant par les détails qu'il fournit sur la nature de cet impôt qui, suivant un tarif fixé, devait être prélevé sur le prix de vente de diverses denrées et être recueilli pendant un an et demi, depuis Pâques 1341[3], par les soins et sous la surveillance des seigneurs. Cette forme de subside et les dispositions prévues pour sa perception n'ont plus, en 1340, un caractère de nouveauté. Depuis le début du XIVe siècle, les rois de France avaient eu souvent recours aux impôts perçus sous le contrôle des seigneurs, sur le prix de vente des denrées.

1. Arch. départementales de la Côte-d'Or, B 11715. Pièces justificatives, n° V.

2. Cet acte était considéré comme perdu. Cf. Viard, *Un chapitre d'histoire administrative. Les ressources extraordinaires de la royauté sous Philippe VI de Valois*, dans la *Revue des questions historiques*, 23e année. Paris, 1888, in-8°, p. 185, en note. Les archives de la Côte-d'Or possèdent aussi une copie (B 11715) de l'acte du 25 avril 1341, par lequel le roi fait savoir que la ville de Paris lui a accordé un subside de même nature (éd. : *Ordonnances des rois de France*, t. XII. Paris, 1777, in-fol., p. 64-66, d'après le Mémorial B de la Chambre des comptes de Paris, fol. 160 v°).

3. 8 avril 1341.

Le document que nous venons de présenter nous montre le roi de France, entouré de l'élite de son royaume réuni à la Chambre des comptes, cherchant toutes les mesures capables de le mettre en état de soutenir une grande guerre. Nous avons suivi la réalisation, dans une partie du royaume, des idées exprimées dans notre mémoire au sujet de la perception d'un impôt extraordinaire. Il nous est possible d'entrevoir aussi à quoi furent utilisées les sommes prévues pour les « galées et les barges », c'est-à-dire pour la flotte.

Deux mémoires, dont le premier est déjà connu des historiens, prouvent que, malgré les efforts faits par les rois de France pour entretenir une flotte, on devait, dans les circonstances graves, avoir recours aux flottes mercenaires montées par des Génois. Les gens compétents, amiraux français ou capitaines génois, organisateurs d'armées de mer, donnaient leur avis au roi. Les premiers exposaient le plan de campagne qu'ils avaient conçu pour le plus grand bien du roi et du pays et les autres joignaient aux bons conseils quelques avis intéressés tendant à faire préférer une escadre génoise aux navires construits dans les ports français. M. de La Roncière date de 1339 et attribue à l'amiral Nicolas Béhuchet le premier de ces mémoires concernant les moyens de détruire la marine anglaise par une guerre de détail, afin de faciliter la prochaine invasion des îles Britanniques[1]. C'est un document tout à fait curieux qui mérite une réimpression exempte de lacunes[2]. La seconde pièce que nous publions est inédite[3]. Elle est vraisemblablement de la même époque et a pour titre : « Un avis que aucune personne a donné » et est adressée : « A mon très chier seingneur le sire de Noyers ». Le personnage qui l'a rédigée est certainement un homme très au courant des choses de la mer. Il dispose d'une grande autorité auprès des capitaines des navires génois qu'il s'engage à mettre au service du roi de France ; il est sans doute

1. Arch. départementales de la Côte-d'Or, B 11875. Pièces justificatives, n° VI. Cf. Ch. de La Roncière, *Quatrième guerre navale entre la France et l'Angleterre (1335-1341)*. Paris, 1898, in-8° (extrait de la *Revue maritime*, février 1898), p. 37-38, et *Histoire de la marine française*. T. I : *les Origines*, 2e éd. Paris, 1909, in-8°, p. 434.

2. Il est publié, avec quelques fautes et sous la date approximative de 1350, par M. Jules d'Arbaumont dans la *Revue des Sociétés savantes des départements*, 4e série, t. V (1867), 1er sem., p. 436.

3. Arch. de la Côte-d'Or, B 11875. Pièces justificatives, n° VII.

Génois lui-même. Les renseignements qu'il donne sur les frais d'appareillage et d'entretien d'une galée royale méritent d'être retenus. Son mémoire nous montre aussi que les « seingneurs », les commandants des navires, posaient leurs conditions avant tout engagement et cherchaient avant tout leur profit personnel et celui de leurs hommes. De tels marchandages justifient les efforts faits par Philippe VI pour posséder une flotte à lui, équipée dans les ports français. L'auteur de ce mémoire avait raison de s'adresser au sire de Noyers. L'autorité de ce personnage, garantie par son âge et son expérience, était considérable et le roi de France tenait le plus grand compte de ses conseils.

Les documents que nous venons de faire connaître répondent bien à la question que nous posions au début de cette notice, puisqu'ils ont tous pour objet la préparation à la guerre et nous apprennent quelles mesures prenait le roi en cette circonstance. La principale préoccupation était de trouver de l'argent, et nous ne sommes pas étonné de lire au dos de l'un de ces parchemins : « Escrit fait en la Chambre des comptes ». La guerre absorbait tous les revenus ordinaires et il fallait toujours avoir recours aux revenus extraordinaires provenant des impositions de nature diverse, plus ou moins librement consenties par les populations. La lecture de ces documents et la connaissance des faits précis qu'ils nous enseignent, au milieu desquels se dégage l'impression que la guerre est déjà un fardeau trop pesant pour les états, nous permet de constater une fois de plus que ce sont ces guerres et les énormes dépenses qu'elles entraînaient qui ont modifié très sensiblement l'histoire dès la fin du XIIIe siècle et les conditions de la vie des peuples. Il nous a toujours paru que l'expédition d'Aragon, entreprise par Philippe le Hardi, sans de justes raisons, fut la première guerre d'un état contre un état telle qu'on la pourrait concevoir de nos jours. Quelques années plus tard, la guerre de Flandre avait aux yeux des deux belligérants un caractère national et les impôts exigés de tous rendaient plus nette encore la nature du conflit. Le résultat des subventions réclamées d'année en année fut la révolte de 1315. Nous voyons dans nos documents combien Philippe VI avait de peine à se procurer l'argent nécessaire. Au milieu du XIVe siècle, nous assistons à des révolutions populaires plus graves encore qu'au temps de Louis X. La nationalité française était à peine constituée que des luttes trop souvent stériles venaient ainsi absorber le meilleur de ses forces. En songeant que la cause de cet affaiblissement de la vitalité d'une nation est de nos jours aussi menaçante qu'au XIVe siècle et en remarquant qu'en somme les mesures prises pour se mettre en garde contre ses effets sont les mêmes : recherche de crédits, approvisionnements, plans de mobilisation, entretien des flottes, nous sommes obligés d'avouer que l'humanité continue à s'accabler elle-même et pourtant malgré elle, et que certaines difficultés n'ont encore qu'une solution. Nous avons du moins l'avantage sur nos devanciers de pouvoir mieux connaître ces inexorables nécessités en étudiant leurs manifestations dans tous les temps, et c'est déjà là un gage de prochaine victoire.

IA[1] (1327).

C'EST L'AVIS DE CE QUI PORRA FAILLIR POUR LA GUERRE SUSPOSÉ QUE GUERRE SE FACE.

Premerement, pour mil homes d'armes[2] par ix mois avant la venue du Roy, xv^{m} l. t. pour chacun mois, valent par les ix mois vj^{xx}xv^{m} l. t.

Item, pour iiij^{m} sergens de pié par le dit temps, vj^{m} l. t. pour chacun mois, valent liiij^{m} l. t.

¶ Somme jusques à la venue du Roy, ix^{xx}ix^{m} l. t.

Item, pour les gens d'armes qui seront en la guerre avec le Roy, compté dedenz les establies, l'alée du Roy et sa demorée et son retour, par v mois en commencens au mois de may.

Premerement, pour les gaiges de v^{m} hommes d'armes par le dit temps au pris dessus dit, valent iij^{c}lxxv^{m} l. t.

Item, xx^{m} sergens de pié par les diz v mois et au pris dessus dit, qui font xxx^{m} l. t. par mois, comptez dedenz les establies et le dit mois de may, valent par le dit temps vij^{xx}x^{m} l. t.

¶ Somme depuis la venue du Roy, v^{c}xxv^{m} l. t.

1. Arch. départementales de la Côte-d'Or, B 11875. Parchemin de 0^{m}415 sur 0^{m}195. Anciennes cotes : « Affaires melées, sans date, cotte XXXI », et « Layette 148, liasse 1, cotte 1932 ».

2. Mot ajouté en interligne en encre jaune.

Somme toute des gaiges des gens d'armes et sergens de pié par les temps dessus diz, vij^{c}xiiij^{m} l. t.

Item, les despenz du Roy et de ses genz lui estant en la guerre v^{c} l. t. par jour, qui font xv^{m} l. t. par mois, valent par les v mois lxxv^{m} l. t. senz les garnisons.

Item, pour charroiz amener, engins, tantes, pavillons, artillerie, pour les despenz de ceux qui les menront et des maistres qui les gouverneront et pour autres menues choses, pour tout, x^{m} l. t.

¶ Somme pour despenz et charroy senz les garnisons, iiij^{xx}v^{m} l. t.

Item, pour garnisons de vivres par les diz v mois.

Premerement, pour environ ij^{m} tonneauls de vin, le tonneaul prisié c s. t., valent x^{m} l. t.

Item, pour environ m muis de blé à la mesure de Paris, le muy prisié vj l. t., valent vj^{m} l. t.

Item, pour mv^{c} muys d'avoinne, le muy prisié iiij l. t., valent vj^{m} l. t.

Item, pour feins, environ v^{c} l. t.

Item, pour environ xxx^{m} l. de cire, le millier prisié iiij^{xx} l. t., valent ij^{m}iiij^{c} l. t.

Item, pour iij^{m} pors baconnez et salez qui cousteront environ iiij^{m} l. t.

Item, pour ij^{m} bues, c s. la pièce, valent x^{m} l. t.

Item, pour iiij^{m} moutons, x s. la pièce, valent ij^{m} l. t.

Item, pour iij^{m} pors, xx s. la pièce, valent iij^{m} l. t.

Item, pour poiz, feves, vin aigre, vins, sel, frommaiges et autres menues choses, environ m l. t.

Somme des garnisons, xliiij^{m}ix^{c} l. t.

¶ Somme des despenz du Roy, du charroy et des garnisons, vj^{xx}ix^{m}ix^{c} l. t.

¶ Somme toute pour la dicte guerre, tant pour gaiges comme pour despenz, viij^{c}xliij^{m}ix^{c} l. t.

[*Au verso, en encre plus jaune :*]

Et pour toutes ses garnisons faire le Roy i ordenera cui que il voudra. Les garnisons de blé, de vins et d'avoinnes se porroient faire en Thoulousain, en Agenoiz et en Aubigoiz sus riches prelas et abbayes, senz riens prendre sus le commun.

Item, il samble bon de faire les garnisons de toutes chars en Beart et es fores du Roy en Thoulousain et aussis pois et feves ou pais.

Item, cire à Montpellier.

I B[1].

Pour les galees.

Pour ij^{c} hommes d'armes, xij florins le mois pour chascun, montent pour vj mois xiiij^{m}iiij^{c} florins.

Item, pour viij huissiers, v^{c} florins pour chascun le mois, montent pour vj mois xxiiij^{m} florins.

Somme toute, tant de gens d'armes comme de huissiers, pour vj mois xxxviij^{m}iiij^{c} florins.

Et montent les gens d'armes vij^{m}ij^{c} lbr. par. et les huissiers xij^{m} lib. par.

Et monte tout xix^{m}ij^{c} lbr. par.

Item, la croissance d'un mois pour ij^{c} hommes d'armes monte ij^{m}v^{c} florins et pour huissiers iiij^{m} florins.

Item, la croissance de demi florin le moys pour chascun homme d'armes, montent les ij^{c} hommes d'armes pour vij moys vij^{c} florins.

Somme de ceste creue, vii^{m}vij^{c} florins, valent iij^{m} vj^{c} lb. par.

Somme toute, tant de la creue comme des autres choses dessus dictes, xlv^{m}vj^{c} florins, valent xxij^{m}viij^{c} lbr. par.

II[2] (1329, février-mars).

Une ordenance que li Roys fist pour aler en Gascoine[3].

Li Roys ha ordené pour aler aveques lui en ceste guerre de Gascoigne, se il y va, v^{m} hommes d'armes à cheval et xvj^{m} hommes de pié, desquiex seront prins en France iiij^{m} hommes de cheval et en la Langue d'Oc m hommes et les xvj^{m} hommes de pié.

Les iiij^{m} hommes de cheval pris en France pevent monter par jour x s. t. l'un par l'autre, ij^{m} l. t. par jour. Valent le mois lx^{m} l. t. Et font pour iiij mois ij^{c}xl^{m} l. t. Et pour v mois iij^{c} mil livres t[ournois].

1. Arch. départementales de la Côte-d'Or, B 11875. Parchemin de 0^{m}195 sur 0^{m}165, lié au précédent parchemin par un lien en parchemin. Au dos, trace d'un cachet rouge.

2. Arch. départementales de la Côte-d'Or, B 11733. Vélin de 1^{m}08 sur 0^{m}20, composé de deux peaux cousues ensemble. Anciennes cotes : « Affaires meslées, sans date, cotte XL », et « Layette 148, liasse 1, cotte 1941 ».

3. Titre écrit au verso.

Item, les mil hommes d'armes pris en Langue d'Oc, au pris dessus dit, valent par jour v^{c} l. t., qui font pour un mois xv^{m} l. t. Valent pour iij mois xlv^{m} l. t.

Item, les xvj^{m} hommes de pié, xij p[arisis] pour chascun, font par jour m l. t. Valent pour un mois xxx^{m} l. t., qui font pour iij mois iiij^{xx}x^{m} l. t.

Somme pour le temps dessus dit, iiij^{c}xxxv^{m} l. t.

Item, pro hospitio, xxx^{m} l.

Item, pro garnisionibus.

Item, l'armée de la mer.

Pour poier les sommes dessus dites semble que l'en pourroit recouvrer deniers en la maniere qui s'ensuit.

Premierement, le receveur de Thoulouse se est chargié de délivrer dedens ceste Penthecouste prochaine lx^{m} l. t. Et pour ce faire li est assignée sa receverie de Thoulouse. Item, environ iij^{m} l. que la ville de Thoulouse doit pour la subvencion de ce darrenier host de Flandres. Item, la subvencion de toute la seneschaucie de Thoulouse pour ce présent host de Guascoigne. Item, x^{m} l. t. d'une amende de parlement en quoi est condempné *maistre Raymont Richart*[1].

Item, le receveur de Bigorre doit finer de vij^{m} à viij^{m} l. t. dedens la dicte Penthecouste ou environ *la moitié et l'autre à la Magdeleine*, et li est assigné sa recepte et la subvencion de la seneschaucie de Bigorre pour la dicte guerre de Guascoigne *et v^{m} l. de une composicion fette en la dicte conté.*

Item, le receveur de Roergue, *environ xij^{m} l. et plus.*

Item, le receveur de Carcassonne, *xxx^{m} l. t. dedens la Pentechouste et xx^{m} l. la guerre durant.*

Item, le receveur de Beauquaire, *Marquis Scatisse*, viij^{m} l. t. à la xve de Pasques prochaignes *et xij^{m} l. t. la guerre durant.*

Item, le receveur de Pierregort Item, le receveur de Cahours	*(fera xvj^{m} l. t. pour les ij receptes, la moitié à présent et l'autre moitié la guerre durant*[2]*), x^{m} l. à la Penthecouste.*
Item, le receveur de Xainctonge Item, le receveur de Poitou	*(il aura assés à faire à Xainctes et environ), Jehan de Probolain, receveur en ces deux lieux.*

1. Tout ce qui est imprimé en italique a été ajouté d'une autre main.
2. Les mots entre parenthèses sont rayés.

Item, le receveur d'Angoulesme.

Item, le receveur d'Auvergne, Jehan de Saint-Sauveur, x^{m} l. t., moitié à présent et l'autre moitié la guerre durant.

Item, la debte des Chauchez et de frères Giraut Gaite. Devroient bien aidier de x^{m} l. sur ce qu'il doivent.

Item, le receveur de Champaigne, xv^{m} l. t., moitié à présent et l'autre moitié la guerre durant.

Item, le receveur de Mascon, avec la finance de ij^{m}vj^{c} l. que les changeurs de Lyons ont fait à présent, v^{m} l. t. dedens la Pentechouste.

Item, le receveur de Lille et de Douay.

Item, les iiij bailliz de Normandie, xv^{m} l. t. Item, iiij^{m} l. pour la subvencion passée. Item, pour le fouaige qui sera coelli cest aoust present, xv^{m} l. t. *I ne sera mays devant III anz.*

Item, les receveurs d'Anjou, du Maine, de Valois, de Chartres et des autres terres que tenoit le Roy avant que il feust Roys, xij^{m} l. t.

Item, le receveur de Paris.

Item, le receveur de Senliz, iij^{m} l. t.

Item, le receveur de Vermendois, iiij^{m} l. t.

Item, le receveur de Amiens, iiij^{m} l. t.

Item, le receveur de Senz, iij^{m} l. t.

Item, le receveur d'Orliens. Pour les ventes et autres rentes que soloit tenir la roine Climence.

Item, le receveur de Bourges, iij^{m} l. t.

Item, le receveur de Tours, iiij^{m} l. t.

Item, Michel Bet, qui tient la ferme des iiij d. pour livre des marchandises portées hors du royaume, xij^{m} l. que il presta à présent. Et si paiera les termes des fermes qu'il tient qui escherront la guerre durant, qui ce puet monter à environ xij^{m} l. t.

Item, Thot et Venne Guy, receveurs des deniers deuz au Roy pour la pez de Flandres et des biens des baniz et des mors, xx^{m} l. t. dedens la (Ascencion) quinsainne de Pasques et xx^{m} l. la guerre durant.

Item, Bonat Ottovian et ses compaignons, qui tiennent la ferme des c s. pour cent livres que les Lombars doivent, v^{m} l. t. dedans la quinsainne de Pasques.

Item, de ceux qui tiennent la ferme du denier et obole pour livre.

Item, ceuls qui tiennent les fermes des iiij deniers pour livre des marchandises portées hors du royaume, excepté cele que Michel

Bet tient, x^{m} l. t. Amiens et Flandres, Vermendois, Chaumont et Vitri, Normandie, Xanctonge et la Rochelle et en soit parlé à Nicole Beuchet, à qui elle est baillée et que elle puet valoir quar il la doit avoir baillée.

Item, ceus qui lievent les finances des acquez des églises et des fiez.

Item, l'amende de xxx^{m} l. que l'abbé de la Grace doit pour amende du Parlement.

Item, les autres amendes de Parlement.

Item, l'amende de l'evesque de Lengres.

Item, la finance de Montflanquin, environ xx^{m} l. t.

Item, la finance de Montauban, dont il offrent x^{m} l. t.

Item, la finance de la ville d'Angers, qui monte vj^{m} l. t.

Item, la finance de Laon.

Item, les deniers qui sont au Trésor.

Item, le disiesme du terme de l'Ascencion prochaine, lx^{m} l. t. ou environ.

Item, la subvencion de l'ost de Guascoigne se il est.

Item, les empruns qui seront faiz de pluseurs bourgeois et autres.

Somme, sans les amendes et finances, subside, empruns, les deniers de Cerchemont et les deniers qui sont au Trésor, des queles choses mencion est faite ci-dessus, iiij^{c}m l. t. ou environ.

[*Au verso :*]

Mémoire des assignacions que l'en fait aus bonnes genz pour estre paiez où il y ha moult de fraudes par ceus qui les poient.

Item, des deniers du depost de l'an M CCC XVII et XVIII du disieme de la Terre Saincte.

Item, des receptes au prieur de Montfaucon.

Item, de Montauben.

Item, de ceus de la ville d'Angers.

Item, de l'imposition des iiij d. pour livre des marchandises tretes du royaume que le conte de Fois ne veut souffrir qui soit levée en sa terre, qui porte bien domage au Roy chascun an de ij^{m} l. t.

Item, demander les enquesteurs des forez quar il soloient aporter moult d'argent comptant de leurs enquestes.

Item, la composicion du chancelier.

Item, mémoire de demander ~~(au chancelier)~~ aus hoirs Cerchemont x^{m} l. en plus que il ot de maistre Jehan Chauvet, jadis balli

du grant fié d'Aunis, et sera sceu par Guillaume de Montmorillon et par Aymeri Brigeluge.

III[1] (vers 1330).

MÉMOIRES POUR, ETC.

Des diziemes du terme de l'Ascencion, c^{m} l.

Du trésorier de Thoulouse, pour Thoulouse, Agenais et Caours, dedens la Saint Jehan senz les disiemes et les subcides, lxxv^{m} l.

Du trésorier de Carquassonne, et y est (emploié le subcide), doit faire pour iiij mois, pour chascun mois (xx^{m} l). Valent (iiij^{xx} m l.), *xl^{m} l.*

Thot Gui, environ l^{m} l.

Marquis Catisse[2], receveur de Biauquaire, senz le subcide, environ xx^{m} l.

Du receveur de Rouargue, qui doit paier moitié à la Penthecouste et moitié aus iij mois ensivans, xij^{m} l.

Du receveur de Bigorne, ij^{m} l.

Du receveur de Xantonge et de Poitou, senz ordenance et pour cause.

Du receveur d'Auvergne, qui doit paier moitié à la Penthecouste et l'autre par les iij mois ensivans, viij^{m} l.

Maistre Michiel Beth, pour les fermes que il tient, environ xx^{m} l.

Du receveur de Champaingne, qui doit paier dedens la Penthecouste la moitié et par les iij mois ensivans l'autre, vj^{m} l.

Du receveur de Mascon, qui doit paier moitié à la Penthecouste et l'autre moitié par les iij mois ensivans, ij^{m} l.

Du receveur d'Amiens, qui doit paier moitié à la Penthecouste et l'autre moitié par les iij mois ensivans, iiij^{m} l.

Du receveur de Valloys, nient et pour cause.

Du receveur d'Anjou et du Maine, de la Ferté et de Ceton, qui doit paier dedens la Saint Jehan prouchaine la moitié et par les iij mois ensivans l'autre (x^{m} l.), vj^{m} l. t.

Les iiij baillies de Normendie riens et pour cause.

Du receveur de Paris, environ ij^{m} l.

1. Arch. départementales de la Côte-d'Or, B 11715. Vélin de 0^{m}49 sur 0^{m}28. Les mots placés entre parenthèses sont soulignés et accompagnés d'une correction en encre plus noire.

2. Ou plutôt Scatisse. Un signe au-dessus du c en forme d'accent circonflexe ne peut être interprété autrement.

Du receveur de Senliz, qui doit paier la moitié à la Penthecouste et l'autre moitié par les iij mois ensivans, viij^{m} l.

Du receveur de Vermendois, qui doit paier la moitié à la Penthecouste et l'autre moitié par les iij mois ensivans, iiij^{m} l.

Du receveur de Sens, qui doit paier dedens la Penthecouste la moitié et l'autre moitié par les iij mois ensivans, iiij^{m} l.

Du receveur d'Orliens, qui doit paier dedens la Penthecouste la moitié et l'autre par les iij mois ensivans, vj^{m} l.

(Du receveur de Touraine, qui doit paier dedens la Penthecouste la moitié et l'autre par les iij mois ensivans, ij^{m} l.)

Du receveur de Bourges, qui doit paier dedens la Penthecouste la moitié et l'autre par les iij mois ensivans, iij^{m} l.

De Bonnay de L'Espine et de ses compaingnons sus la ferme que il tiennent des iiij d. pour livre, v^{m} l.

De ceus qui tiennent les fermes de iiij d. pour livre pour les denrées qui sont portées hors du royaume, c'est assavoir de Pierre Folet et des autres liex où elles ne sont vendues, *de x^{m} l., maintenant v^{m} l.*

De la finance de l'amende de Montauben, qui monte x^{m} l., au terme de l'Ascencion, ij^{m} l.

De l'amende de Caen, au terme de l'Ascencion, ij^{m} l.

Du baillif de Chartres, qui doit paier dedens la Penthecouste la moitié et l'autre par les iij mois ensivans, ij^{m} l.

Somme toute, iiij^{c}l^{m} lb. t. ou environ.

Remembrance : Des amendes de Parlement et de savoir à eulz que les causes se pourront abreger et aussi aus autres chambres à la fin d'avoir argent.

¶ *Remembrance dou subside et des empruns.*

Item, que l'en ait lettres de quitances de monseigneur de Bourbon, do roy de Navarre, de monseigneur de Bourgoingne et de monseigneur de Biaumont, des acors qui ont esté faiz à eulz des demandes qui faisoient au Roy.

Item, des subcides de la terre des nobles du royaume, comment le Roy en soit avisez se le cas si offre.

[*Au verso :*]
[*En bas, à gauche :*] iiij^{c}xxxviij^{m} l.

[*Au verso, en encre plus noire :*]
iij^{m} homes d'armes à penrre en France, à compter x s. pour home, pour v mois valent ij^{c}xxv^{m} l. tur.

Item, ij^{m} homes d'armes à penrre en la langue d'oc, à compter pour home x s., pour iiij mois vj^{xx}m lb. tur.

Item, xvj^{m} homes de pié pris en la langue d'oc, à compter xij d. t. pour home, valent pour iiij mois iiij^{xx}xvj^{m} lb. t.

Somme toute, tant de homes d'armes comme de pié par les mois dessus diz, iiij^{c}xlj^{m} l. tur.

Item, pour l'ostel le Roy, pour les garnisons, pour artillerie, chevaus rendus et autres choses neccessaires, pour hostel, voitures et autres choses qui faillent, m l. par jour, valent pour v mois cl^{m} lb. tur.

Item, garnisons de vivres, vins, blés, avainnes et autres choses nécessaires, environ l^{m} lb. tur.

Remembrence se le Roy fera point d'armée en la mer, des nefs et autres vaiciaus neccessaires en yaue.

IV[1] (1339).

Escrit fait en la Chambre des comptes le juedi IIIIe jour de mars[2].

[*Au recto :*]

C'est l'avis de ce que il porroit faillir pour les guerres jusques à la Saint Michel M CCC XXXIX.

Premièrement, pour ij^{m} hommes d'armes en Gascoingne, qui pueent monter environ vij^{c}lx l. t. par jour, c'est par un mois de xxx jours xxij^{m}viij^{c} l. t.

Item, pour x^{m} hommes de pie, xij d. t. pour chescun par jour, c'est par jour v^{c} l. t. et par un mois xv^{m} l. t.

Somme pour Gascoingne, pour un mois, xxxvij^{m}vij^{c} l. t.

Item, pour Xanctonge v^{c} hommes d'armes, qui montent par jour ix^{xx}x l. t. et par un mois v^{m}vij^{c} l. t.

Item, pour mil hommes de pié qui font par jour l l. t. et par un mois xv^{c} l. t.

Somme pour Xanctonge, pour un mois, vij^{m}ij^{c} l. t.

Item, à Tournay, Douay, Lille, Crevecuer et es autres frontières, mil hommes d'armes, valent par jour iij^{c}iiij^{xx} l. t. et par un mois xj^{m}iiij^{c} l. t.

1. Arch. départementales de la Côte-d'Or, B 11715. Vélin de 0^{m}475 sur 0^{m}295.
2. Titre écrit au dos du parchemin en grandes lettres gothiques.

Item, pour v^{c} hommes de pié pour les dictes frontières, par jour xxxj l. v s. t. et pas un mois ix^{c}xxxvij l. x s. t.

Somme pour les frontières, pour un mois, xij^{m}iij^{c}xxxvij l. x s. t.

Item, pour les gaiges des genz qui sunt es galees et es barges, environ ix^{c} l. t. par jour et par un mois xxvij^{m} l. t.

Somme par soi, xxvij^{m} l. t.

¶ Somme toute, pour un mois pour les choses dessus dictes, iiij^{xx}iiij^{m}iij^{c}xxxvij l. x s. t., c'est par jour environ ij^{m}viij^{c}xj l. v s. t.

¶ C'est pour iij mois, c'est assavoir, marz, avril et mai, ij^{c}liij^{m}xij l. x s. t.

Et les monnoies porront valoir par les iij mois dessus dis environ iij^{m} l. t. par jour ouvrable, dont l'en rabat le tiers pour les festes, ainsi porroit demourer par jour ij^{m} l. t. Valent ix^{xx} mil lb. t.

Item, du premier jour de juing jusques au premier jour d'octobre ensuivant, par iiij mois, pour x^{m} hommes d'armes, tant avec le Roy comme en garnisons la u il les voudra ordener, à gaiges, montent les gaiges par jour environ iiij^{m} l. t.

Item, pour xl^{m} hommes de pié à gaiges de xv d. t. par jour, ij^{m}v^{c} l. t. par jour.

Item, pour les despens de l'ostel le Roy et de l'ostel monseigneur le duc, par jour m l. t.

Somme par jour, vij^{m}v^{c} l. t.

C'est par un mois, ij^{c}xxv^{m} l. t.

Et par iiij mois, ix^{c} mil l. t.

Item, pour les dictes galees et barges pour les iiij mois dessus dis pour chescun mois xxvij^{m} l. t. Valent cviij^{m} l. t.

¶ Somme pour les iiij mois dessus dis, x^{c}viij^{m} l. t.

Et les monnoies porront valoir par les iiij mois dessus dis, pour chescun mois rabatu les festes que l'en ne oevre pas, environ lx^{m} l. t.; valent par iiij mois dessus dis ij^{c}xl^{m} l. t.

Item, les disiemes porront valoir environ c^{m} l. t.

[*Au verso* :]

Ce sunt les voies par les queles il samble que le Roy porroit avoir deniers.

Premierement, par requerre son peuple, grans, moiens et menuz et le clergié, et ha bonne cause du faire, les queles on dira.

Item, la manière comment l'en les requerroit, si est que le Roy les mandast à certaine journée a Paris par devant lui, si comme autre foiz a esté fait.

Item, se ceste voie ne li plaisoit, que il parlast premièrement à ceuls de la ville de Paris et de la viconté de Paris et à ceuls des baillies de Senlis, de Vermendois et d'Amiens.

Item, que à Chartres il mandast ceuls des baillies de Chartres, d'Orliens, de Bourges, de Touraine, d'Anjou, du Maine et de Poitou à une certaine journée.

Item, que il mandast à Meleun ou à Sens ceuls des baillies de Sens, de Mascon et d'Auvergne.

Item, que il mandast à Provins ou à Miaux ceuls des baillies de Miaux, de Troyes, de Chaumont et de Vitri.

Item, que en sa présence leur feist faire les requestes que il verroit qui seroient à faire.

Item, ou que le Roy envoiast par les lieus dessus dis certaines personnes pour faire les dictes requestes et ceste voie samble la mains convenable.

Item, sembleroit bon que le Roy parlast aus prélas des lieus dessus dis, à ceuls qui en seroient prez et es lieus dessus dis dont il seroient plus prez.

Item, que en ceste maniere mandast aus doiens et chapitres abbez et prieurs noirs et blans.

[*On lit, écrit dans un autre sens :*]

Mémoire de ce que cil de Thoulouse offrent pour acquerre en fiez nobles senz paier finance.

V[1] (1339).

Ce sont les choses que li noble des bailliages de Vermendois, d'Amiens et de Senliz ont octroyé au Roy.

Premierement, cil de Vermendois et de Beauvoisin ont accordé à lever imposicions en leurs terres teles comme il s'ensuit et en la maniere ci dessouz escripte. C'est assavoir, de toutes denrées qui se vendront, li vendeur paieront iiij deniers pour livre et entre xx sous et x sous, ij deniers et dessouz x sous neant.

Item, de chascun lot de vin, j denier parisis à detail et se il est venduz en gros on en paiera comme dessus iiij deniers pour livre.

1. Arch. départementales de la Côte-d'Or, B 11715.

Item, se aucun vent son heritage, le vendierres ne li achetierres n'en paieront riens.

Item, de toutes les censes de terres que on baillera à sommes de deniers ou à grains ou autrement ou autres fermes quelconques, li bailleur ne li preneur ne paieront riens, mais se li seigneur ou censier vendent leurs blés ou autres grains ou autres choses, li vendeur paieront de la livre et en tout comme dessus.

Item, des rentes du bois, li premier vendeur ne li achateur en gros ne paieront riens ne li secont vendeur qui vendront des diz bois ne paieront encore riens, mais li tiers vendeur en paieront iiij d. pour livre et en tout comme dessus.

Item, de la vendue des poissons des estans, tout autel comme des bois dessusdis.

Item, pour cueillir et lever les imposicions ou tailles dessus dictes l'en a ordené ce qui s'ensuit. Premierement, li seigneur et noble du pays esliront et bailleront de leur genz chascun en sa terre les plus souffisans qui lieveront les deniers chascun en la prevosté ou chastellenie ou il sera establiz. Et tuit icil collecteur feront serement sus Saints Euvangeles en la main de leurs seigneurs qu'il les leveront miex au proffit du Roy et du pays que il porront et que il n'en bailleront denier à personne nulle que au collecteur general qui y sera establiz, et est l'entente que li dit collecteurs ne puissent etre approchié ne traictié à amende par les genz du Roy pour cause de leurs dictes collecteries, mais li seigneur les corrigerunt et pugniront et feront rendre au Roy son chatel et rendront compte de ce qu'il auront receu au grant receveur ou collecteur qui y sera establiz pour le Roy, le quel grant receveur ou collecteur y sera establiz de par le Roy et jurera icil receverres sus les Euuangeles en la presence de grant foison des seigneurs et des genz du pais que des deniers qu'il en recevra il n'en paiera denier fors que en la maniere ordenée et n'aura icil receverres point d'autre office du Roy.

Item, touz li argenz qui istra de ces composicions et aides et de toutes les aides que les genz du pais feront au Roy quelque il soient, c'est à savoir de Beauvoisin et de Vermendois, excepté les disiemes octroyez du Saint Pere, tourneront en la paie des genz d'armes des diz pais et en seront paié en la maniere que li thrésorier de la guerre le mandera.

Item, que l'en commencera à lever les imposicions dessus dictes l'endemain de Pasques commencans l'an M CCC XL et duront jusques à un an et demi ensuivant, par tele condicion que quant li Roys ou cil qui sera son lieutenant departira ses genz en fin d'ost ou de chevauchié pour tout ce prochain esté venant, li thresorier des guerres sera tenuz de compter aus genz d'armes des diz pais, et se l'imposicion a tant valu que adonc les dictes genz d'armes puissent estre paié aussi grandement comme des grans gages, l'imposicion cessera, et se elle n'avoit adonc tant valu, ladicte imposicion durra tant que les dictes genz d'armes soient appaié en la maniere dessus dicte, mais que li termes ne puist passer le temps de an et demi dessus dit; et se la dicte imposicion ne valoit tant qu'il pensent estre à plain paié, li Roys sera quittes; et comment que on ne face mencion aucune des restours des chevaux d'armes, se entendent les genz d'armes des pais dessus diz que on leur rendra les restours de leur chevaux.

Item, que li Roys ne autres seigneurs ne penront riens oudit pais se n'est par l'argent sec paiant et par juste pris, se il n'estoit regardé par le conseil des genz d'estat du pais qu'il fust si grant neccessité que on ne s'en peust souffrir.

Item, tuit li noble des diz pais qui vodront avoir lettres du Roy nostre seigneur que ces imposicions ou aides ne leur trait[1] à prejudice au temps à venir, il les auront si bonnes comme il voudront et ne paieront.

Item, li Roys mandera et dira aus seigneurs qu'il facent appareiller leur genz selon ce que il vendront comme il appartendra parquoi il soient tuit prest d'aler en l'ost toutes foiz que mestiers sera et à tele quantité comme il samblera qu'il le puissent faire et fera crier li Roys que chascun soit près d'aler en l'ost à son advenant et ne vendront pas les dictes genz en l'ost se il n'est besoing ou se l'en ne cuide avoir à faire.

Item, il ont requis les grans gages et nous les avons deneez.

Item, et l'entente de ceuls des pais que se il vont en l'ost ou es guerres du Roy avant que l'en peust avoir souffisaument levé deniers pour euls paier, que li Roys leur face prest aussi comme aus autres et les reprengne sur les dictes imposicions des premiers deniers que l'en en levera.

[*Au dos :*]

C'est ce que li noble des bailliages d'Amiens, de Vermendois et de Senliz ont octroié au Roy monseigneur.

1. Mot douteux.

VI[1] (1339).

Nychole Beuchet[2].

Il semble que le Roy monseigneur pourroit desconfire le navile d'Angleterre par trois manières. L'une pour ce que le royaume d'Angleterre ne se puet chevir senz sel, lequel il covient de necessité qu'il veignent querre en Bretaigne et en Poitou une foiz l'an et avient communement my jullet et my haoust et qui auroit lors un bon navile fort et poissant pour les encontrer chargiez il les pourroit desconfire, quar une nef vivante puet desconfire x autres.

Item, par semblable voie il covient que ceux d'Angleterre voisent une foiz l'an aus vins de Gascoigne et ainsi leur pourroit on porter damaige par la maniere dessus dite.

Item, chascun an, le jour de la Saint Michiel, s'assemblent devant Gernemue bien vj^{m} petites nefs pescheresses ou environ de plusieurs contrées, don il y a bien plus de mil nefs du pais d'Angleterre, et puet avoir en chascune xv hommes et tout le harent que toutes les dites nefs peeschent il portent chascun jour à Gernemue, si semble que, à autant de mise comme on feroit le mois pour les galées des Guelfes et des Guibelins, on trouveroit bien voie pour destruire les dites nefs anglesches et ainsi le roy d'Angleterre auroit perdu les genz de quoi il se devroit aidier en son naville, et les vasseaux et le proffit que le pais d'Angleterre auroit de cele pescherie, qui bien monte chascun an a ccc^{m} lb., et plus et si iroit on d'illec en Angleterre, en tel lieu ou l'en pourroit porter graigneur damaige qu'il n'ont receu par les galées. Et avec ce, se le conte de Haynnaut se portoit autrement qu'apoint, on pourroit destruire des nefs de son pais autant comme des anglesches et auxi du pais de Flandres, quar il vont touz ou dit temps à la dicte pescherie, et se le roy monseigneur vouloit, on pourroit aler en Escoce pour fere aide aus Escoz en ce voiaige meisme, ou en li retournant par Poitou pour racontrer le navile d'Angleterre, et li porter damaige en rengent la coste d'Angleterre et damaigent. Ou cas que le Roy monseigneur vourra que on preigne cele voie d'aler à Gernemue, il convenroit qu'il le feist savoir avant

1. Arch. départementales de la Côte-d'Or, B 11875. Parchemin de 0^{m}305 sur 0^{m}155. Ancienne cote : « Layette, n° 168, liasse 1, cote 3899. »

2. Nom écrit au verso.

la fin de ce mois d'ahoust et qu'il ordenast que les deniers fussent tous prestz et envoiez par xve jours avant la fin de septembre.

Memoire que les galées des Guibelins avoient empris de eux en aler en la fin de ceste saison par l'ile de Gerzi et fait l'eussent s'il ne se fussent departiz par ceste voie à tout leur galées vuides pour les enmener chargiés de lainnes, de quoi le roy d'Angleterre eust bien eu c[m] lb.

VII[1] (vers 1340).

Uns avis que aucune personne a donné[2].

A mon tres chier seingneur le sire de Noyers. Je ...[3] vous faiz assavoir en maniere de remenbrance, quar la longue provision et bonne faite par les princes dounne à son peuple grant planté de biens et pais et en temps de guerre doune victorie et joie, et pour ce j'ay porveu selonc mon petit sens en les choses que ici dessouz sont contenues et si les mettray à chief, quant il soit du commandement de nostre seigneur li Roys et votre, et si sera si secret que nullui n'an sentira riens.

Einsi comme vous savez nostre sire li Roys fet armer en la ville de Rouen galies et couste chascune ce que ici dessouz est contenu.

Et je vous faray avoir galies armées de Genevois as convenances et gaiges que ici dessous sera contenu.

Ce est ce que couste une galie en Rouen, armée de Provencalz. Pour clxxx homes pour le pris de s. lx de tournois chascun en xxx jours, somme pour viij mois, lb. iiij[m]iij[c]xx.

Item, pour x hommes qui seront ...[4] paiez pour iiij mois au pris dessus dit, lb. cxx.

Item, pour despenz de clxxx homes dessus diz pour venir de Provence jusques à Rouen, xx s. par. un, lb. clxxx.

Item, pour apparellier une galie en la ville de Rouen chascun an, lb. c.

Item, pour chables et voiles pour chascune année, lb. xl.

Item, pour remes pour chascune année, lb. xxx.

1. Arch. départementales de la Côte-d'Or, B 11875. Papier de 0m30 sur 0m22. Écriture en usage dans les pays du Midi. Anciennes cotes : « Affaires meslées sans datte, cotte XLIII », et « Layette 148, liasse 1, cotte 1943 ».

2. Titre écrit au verso.

3. Blanc sur le parchemin.

4. Mot illisible.

Item, pour arnois menu, chascune année, lb. x.

Item, pour appareiller les armeures et pour achater chascune année ceu que il y faudra, lb. xxv.

Item, pour suif pour vj mois, lb. xxiiij.

Item, pour le dammage d'une galie chascun an. Et la cause est ceste quar à nostre seigneur li Roys couste une galie viij^{c} l. tornois et au chief des iij ans elle n'en vault riens, lb. cclxvj.

Item, couste chascune galie en la ville de Rouen pour gardes et autres choses chascun an, lb. x.

Somme, lb. v^{m}cxxv tornois valent pour xiiij s. le fleurin de Fleurance, florins vij^{m}iij^{c}xxj.

Somme pour xx galies paiées pour viij mois au pris dessus dit, florins cxlvj^{m}iiij^{c}xx.

Et sachiez que les galies dessus dictes ne serviront en la mer que vj mois et la cause si est pour l'aler et pour le venir que les Provencalz font par terre et pour le demour qu'il font en la ville de Rouen avant que les gens dessus diz soient appareilliez et les galies adrecies.

Et je vous donray, se il plet à nostre seigneur li Roys et à vous, xx galies armées des Genovois, les quels se partiront de leur paiz le premier jour de mars prochain venant et serviront jusques au premier jour d'octembre ensivant, qui sont vij mois, et offendront as ennemis de nostre seigneur li Roys en venant, et ce sera pour le pris de florins lxx^{m} de Florence.

Les convenances que les seingneurs des xx galies dessus dictes vuellent avoir avec nostre seigneur li Roys sont teles. Premierement, que il vendront de leur paiz as pors de Bruges et de Rouen et toutes foiz prendront sus les ennemis du Roy ce qu'il porront.

Et du port de Bruges se partiront et fairont le comandement du Roy et prenderont touz jours les ennemis et leurs biens et toutes autres manieres de gens qui alassent ou venissent en terre des ennemis.

Et veullent avoir toutes les prises que il fairont et je croy bien tant faire que il en donront à nostre seigneur li Roys aucune partie, et se je le puis faire vraiement je croy que les prises vauldront tant ou plus comme seront les lxx^{m} florins dessus diz. Et la cause si est que je croy bien que il n'a nul port en Engleterre, ne en Escoce, ne en Gascoingne, que les xx galies dessus dictes n'en ostassent tuit le navile qui feust dedens et ancoire prenderoient il bien toutes les villes qui ne sont fermées.

Ancoire, veulent avoir les seingneurs des dictes xx galies par convenant que en quelque lieu les dictes galies feussent, que elles se puissent partir en tiel temps qu'elles puissent estre le premier jour d'octembre à Bruges.

Et d'abondant je crois de certain faire avec les seingneurs des dictes galies que quant il vendront de leur paiz à Bruges et lors nostre seigneur li Roys n'en eust mestier d'aux, nostre seigneur li Roys seroit quictes pour, florins lx^{m}.

Ancoire, je croy bien que se nostre seigneur li Roys se vouloit aydier de ses galies qu'il aura en Rouen et de sa gent, que quant les xx galies dessus dictes seront à Bruges, elles venront à Rouen et si metteront la moitié de leur gent sus les galies de Rouen, et nostre sire li Roys parfaroit de sa gent tant qu'il souffiroit as trestoutes les galies dessus dictes et de ce faray je mon pooir.

Ancoire, sera de convenant que ou cas que nostre sire li Roys faisist pais avec ses ennemis, que en ladicte pais seront les Genovois et quictiez de tous damages qu'il eussent douné ou fait ou temps de la dicte guerre as gens contenu de dessus.

Ancoire, se nostre sire li Roys eust mestier de greingneur somme de galies, je croy bien certainement que je li donray autres xx galies, mes que je le seusse de maintenant et convenoit que nostre sire li Roys dounast trop greingneur pris que des xx galies dessus dictes et je li faray plus larges convenances pour nostre seigneur li Roys que ne sont celles dessus dictes.

Nogent-le-Rotrou, imprimerie DAUPELEY-GOUVERNEUR.

www.ingramcontent.com/pod-product-compliance
Lightning Source LLC
LaVergne TN
LVHW010302230826
846091LV00007BB/2656

* 9 7 8 2 0 1 3 4 4 5 1 0 8 *